AF545414

Die zweite Entdeckung der Welt

Ein besonderer Dank gilt Lena und Amaury,
die alles ins Rollen gebracht haben.

Bettina Schary

Die zweite Entdeckung der Welt

Alexander von Humboldts Expedition nach Südamerika

KNESEBECK

Am 5. Juni 1799 brechen der Naturforscher und Universalgelehrte Alexander von Humboldt und der Arzt und Botaniker Aimé Bonpland zu einer Forschungsreise nach Südamerika auf. Fünf Jahre lang reisen die beiden von Neugranada (heute: Venezuela) über Kuba, Kolumbien und Ecuador bis nach Peru, Mexiko und in die Vereinigten Staaten. Insgesamt legen sie rund 8000 Kilometer an Land und auf dem Wasser zurück. Unterwegs sammeln, vermessen und dokumentieren sie alles, was ihnen unterkommt.

Diese Geschichte begleitet die beiden Forscher auf ihrer Expedition und wird von Humboldt selbst erzählt, basierend auf seinen eigenen Aufzeichnungen und Tagebucheinträgen.

Hätten ihm Anfang des 19. Jahrhunderts die moderne Technik und die Sozialen Medien zur Verfügung gestanden – zweifelsohne hätte Humboldt sie zur Kommunikation und Verbreitung seiner Erkenntnisse genutzt!

Alexander von Humboldt gilt damals wie heute als einer der wichtigsten Wissenschafts-Influencer der Welt.

– 23. Juni 1802 –
Anden, Ecuador

HEUUUUUUL
WUUSCHSCHSCH
Krk!
Schlitter

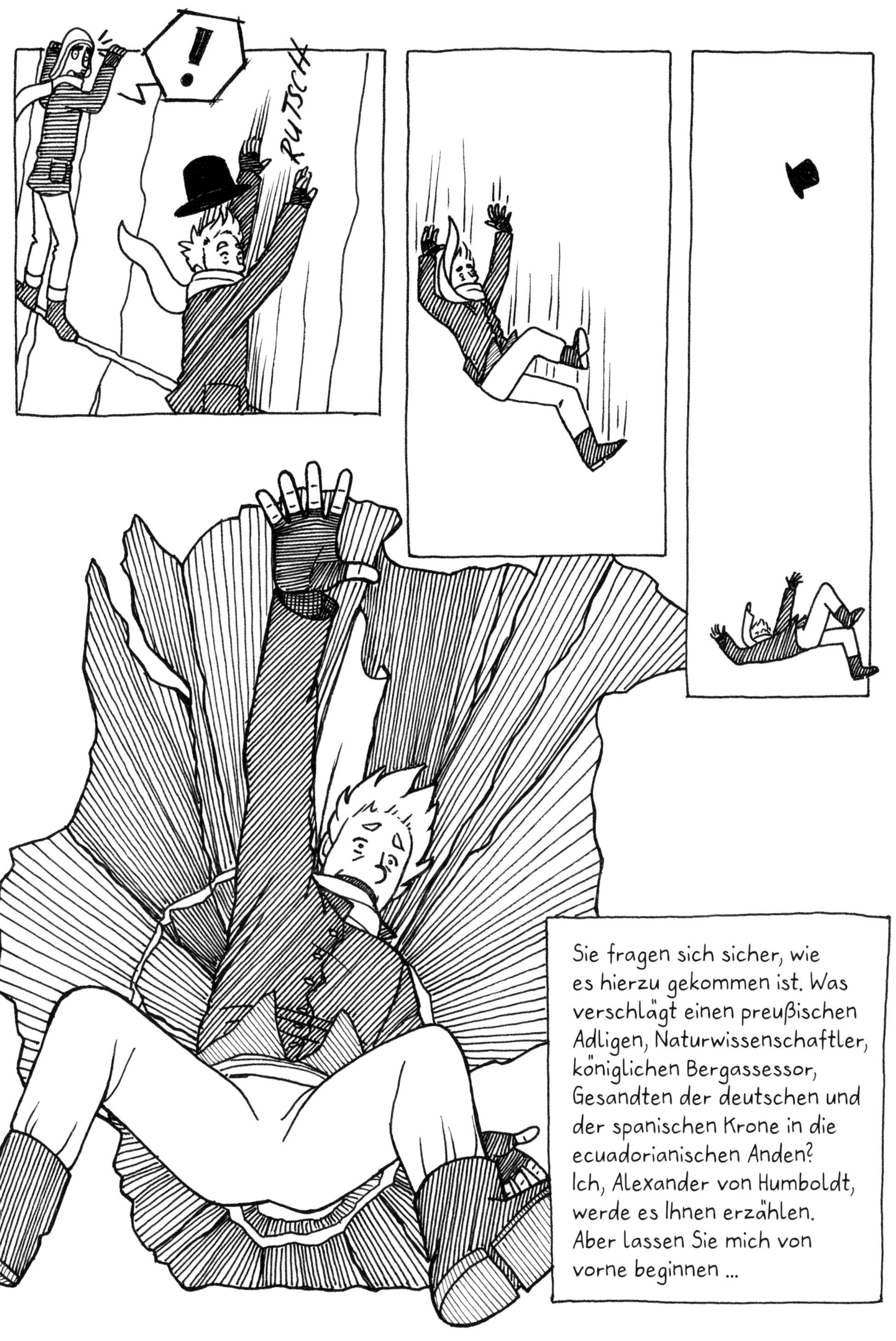
!
RUTSCH
Sie fragen sich sicher, wie es hierzu gekommen ist. Was verschlägt einen preußischen Adligen, Naturwissenschaftler, königlichen Bergassessor, Gesandten der deutschen und der spanischen Krone in die ecuadorianischen Anden?
Ich, Alexander von Humboldt, werde es Ihnen erzählen. Aber lassen Sie mich von vorne beginnen …

PROLOG

SCHLOSS TEGEL
Langeweil
– 1769 –
Bei Berlin
Hier sind mein älterer Bruder und ich aufgewachsen.
Wilhelm
(genannt »Bill«)
Alexander
Unsere Kindheit war öde und freudlos. Vater – die Seele des Hauses – starb früh. Von unserer Mutter bekamen wir keine Liebe, dafür aber die bestmögliche Ausbildung.

Unser Hauslehrer Gottlob Kunth war äußerst penibel. Bill kam damit zurecht – er liebte griechische Mythologie, antike Geschichte, Französisch und war überhaupt ein Musterschüler. Mich hingegen ...
Ανδρα μοι ἔννεπε Μοῦσα πολύτροπον ὅς μάλα πολλὰ πλάγχθη ἐπεὶ Τροίης ἱερὸν πτολίεθρον ἔπερσε· πολλῶν δ'ἀνθρώπων ἴδεν ἄστεα καὶ νοον ἔγνω πολλὰ δ'ο γ'εν πόντῳ πάθεν ἄλγεα ον κατὰ θυμόν...
Alexander, was soll nur aus dir werden?
... nannte man den »kleinen Apotheker«.

Obwohl Bill und ich ziemlich verschieden waren, verband uns der unbändige Drang zu forschen.
Lediglich die Forschungsfelder unterschieden sich, als wir älter wurden.
Hallo, du Schöne, na?
Hihihi
KANT
TOUCH THIS
Ich will den Aufbau der Sprachen erforschen, die das Denken der Menschen prägen!
Ich will den Aufbau der Natur erforschen und wie alles miteinander zusammenhängt!

Du lernst mir
was Anständiges!
Keine Weltreisen,
hörst du?!
Jawohl,
Mutter.
Ich entsprach dem Wunsch meiner
Mutter und studierte Kameralistik ...
... und später Bergbau.
Doch trotz einer vielversprechenden
Karriere als königlicher Bergassessor ...
Humb.
... ließ mich die Sehnsucht
nach der Ferne nicht los.

Mutter ist gestorben? Wie furchtbar ... Vielen Dank ... Ja, wir sind untröstlich ... Ja ... In der Tat, ein schreck-licher Verlust.
Erbe? Ach so ... Wie viel denn? 600 000 Taler?! Das ist ja ... pro Person? Oh, das ... ja ... ich verstehe.
Natürlich, wir werden ihren letzten Willen respektieren... Ja, genau, nur ordent-liche Berufe. Ja. Keine Experimente, keine Expedition. Verstanden.
An diesem Tag beschloss ich, von nun an allein für das Studium der Natur zu leben!

Ich schmiedete entfernte Pläne. Die ganze Welt unter allen Himmelsschichten sollte mir als Lebensraum und Untersuchungsgegenstand dienen. Die Frage war bloß: Wohin sollte die Reise zuerst gehen?
indien
AFRIKA
SÜD-AMERIKA
ASIEN

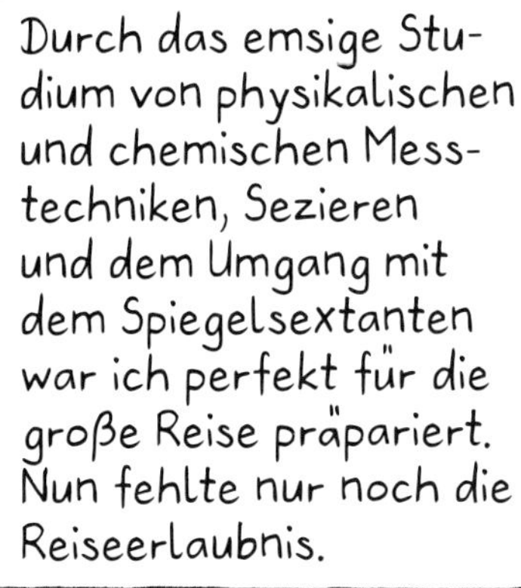
Durch das emsige Studium von physikalischen und chemischen Messtechniken, Sezieren und dem Umgang mit dem Spiegelsextanten war ich perfekt für die große Reise präpariert. Nun fehlte nur noch die Reiseerlaubnis.

DING!
Herr Minister! Warten Sie!
Dürfte ich Ihnen in aller Kürze mein Reisevorhaben erläutern?
Sie haben Zeit bis zum 8. Stock.

Kein Problem! Ich habe hier eine kleine PowerPoint-Präsentation vorbereitet.
In Preußen kam ich nicht weiter. Also zog ich nach Paris, wo ich mir bessere Chancen erhoffte.

!!
FLUMPP
Jawohl!
Hey!
Sie haben meine *Paeonia tenuifolia* zerdrückt!
Halb so wild, die wachsen hier ja überall.
Aber diese hier hatte Interpetiolarstipeln!
Tatsächlich? Aber das würde ja bedeuten, dass die Gattung der *Paeoniaceae* ...
... nicht ausschließlich exstipulat ist!
In Paris lernte ich meinen Reisegefährten und lebenslangen Freund Aimé Bonpland kennen. Er hatte in der Marine gedient, war kräftig und gutmütig und sehr geschickt in der *Anatomia comparata*.

Die Französische Revolution verhinderte alles. Die Welt wurde einem versperrt!
Refusé.
Certainement pas.
SÜD-AMERIKA
Non.

Voll Verdruss begab ich mich mit Herrn Bonpland nach Spanien.
Wenn ich sage, dass ich die Reise komplett selbst finanziere, erhalten wir vielleicht Zutritt zu den spanischen Kolonien in Südamerika.
Aber was, wenn der König das Angebot ablehnt? Wie sollen wir je auf ein Schiff kommen ...?
Alexaaander...
W...wer ist da?
Wieso tust du mir das aaan...
Mutter? Bist du das?
AAAAAAAAAHH!
Ich sagte doch ...
KEINE WELTREISEN!
AAAAAAAAAHHHHHHH...
zisch
Sie sollten wirklich nicht mehr an diesen dubiosen Séancen teilnehmen.
S...Sie haben recht.

Endlich! Unser Reisepass ist angekommen – ausgestellt vom spanischen König Carlos IV. höchstpersönlich!
Gemäß dem Entschluss des Königs
(den Gott erhalten möge) wird dem Hrn.
Alexander Friedrich Freiherrn v. Humboldt,
Oberbergrath Sr. Majestät des Königs von
Preußen, in Begleitung seines Gehülfen u. Sekretärs
Amalrich Bonbon gewährt,
nach Amerika und anderen überseeischen Besit-
zungen seines Reiches zu gehen, um seine berg-
männischen Studien fortzusetzen und für den Fort-
schritt der Naturwissenschaften wertvolle Sammlun-
Ihm und seinem Begleite
alles zu Gefallen tun,
Hülfe und jeden Schut
gewähren.
i.A. Varquez
Moment mal – was soll das heißen, »Gehilfe«? Ich bin Arzt und Wissenschaftler!
Und mein Name ist falsch geschrieben!

Ich werde Pflanzen und Fossilien sammeln. Mit einem vortrefflichen Sextanten von Ramsden …

… einem Quadranten von Bird …

!ANGEBOT!
1.297,–

… und einem Chronometer von Louis Berthoud werde ich nützliche astronomische Beobachtungen machen.

Dies alles ist aber nicht der Sinn und Hauptzweck meiner Reise …

Berlin
Paris
La Coruña
Von Spanien aus ging es zunächst zu den Kanarischen Inseln.
Teneriffa
Nach einem kurzen Aufenthalt dort folgte dann die Überfahrt nach Venezuela.
Cumaná

DIE GROSSE REISE

– 5. Juni 1799 –
Atlantischer Ozean

Überfahrt nach Teneriffa
Mir ist so schlecht …!
Aber Aimé, ich dachte, Sie hätten in der Marine gedient?
Der Augenblick, in dem man zum ersten Mal von Europa scheidet, hat etwas Ergreifendes. Ich weiß wohl, dass ich meinem großen Werk über die Natur nicht gewachsen bin. Aber dieses ewige Treiben – als wären es 10 000 Säue! – wird nur durch das Streben nach etwas Großem und Bleibendem erhalten.
Sei gegrüßt, du unbekannte Welt!
Lass mich dich erforschen!

Alexander von Humboldt
@avhumboldt
Welche Bäume! Welche Farben der Vögel, der Fische, selbst der Krebse – himmelblau und gelb! Wie die Narren laufen wir umher. Bonpland versichert, dass er von Sinnen kommen werde, wenn die Wunder nicht bald aufhören!
Cumaná, 16. Juli 1799
675K

Allmählich beginne ich, die Natur zu verstehen ...
Aha.
... die Klänge erscheinen mir wie Stimmen von jenseits des Meeres ...
So so.
... Erinnerungen und emotionale Reaktionen gehören untrennbar zur menschlichen Erfahrung ...
Ah ja.
... sie beeinflussen die Art und Weise, wie wir die Natur erleben ...
...
... es fühlt sich an wie ein wohltuender Balsam, der sich auf die Seele ...
Schlafen Sie endlich, Alexander!

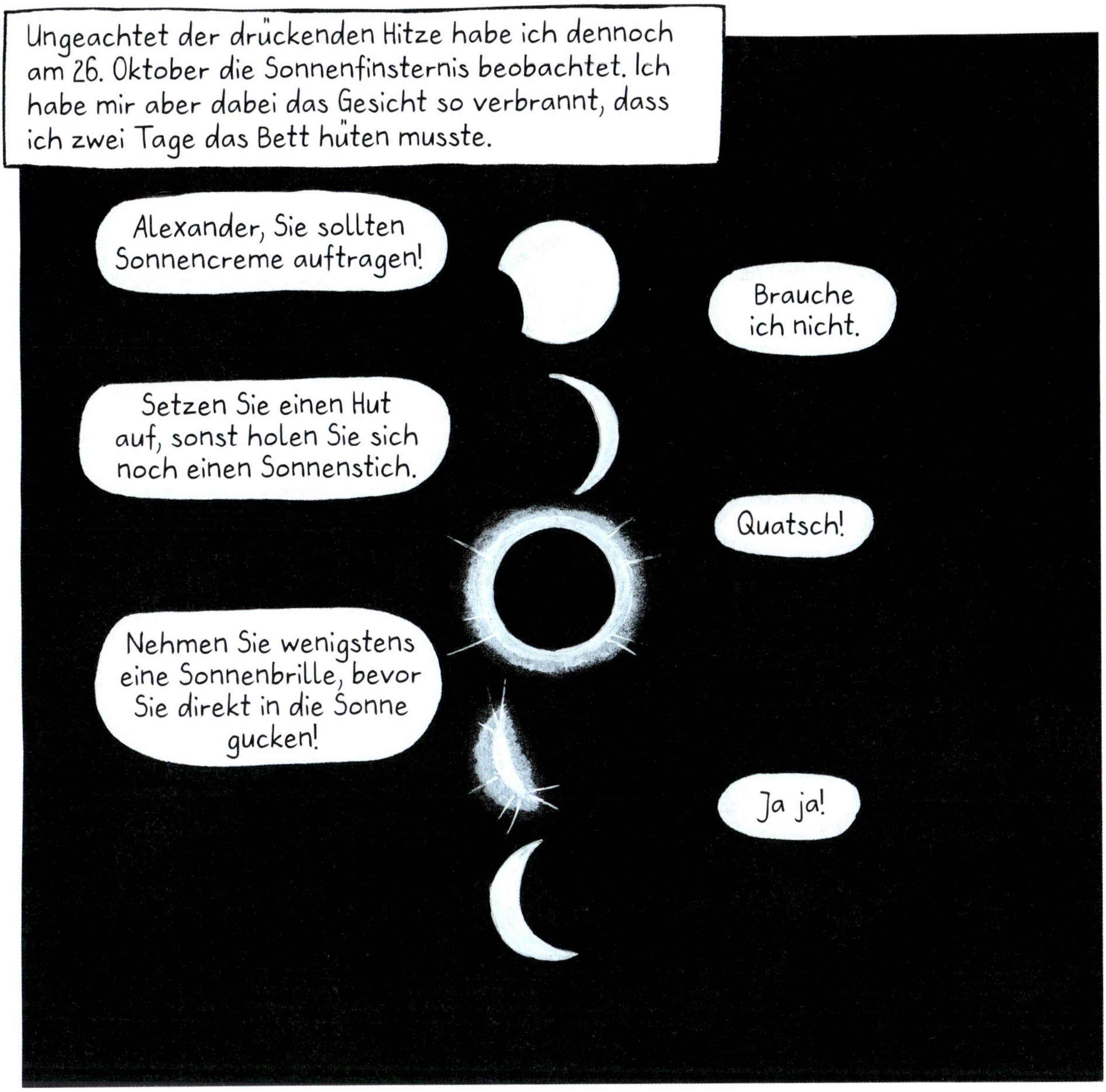

Ungeachtet der drückenden Hitze habe ich dennoch am 26. Oktober die Sonnenfinsternis beobachtet. Ich habe mir aber dabei das Gesicht so verbrannt, dass ich zwei Tage das Bett hüten musste.

Alexander, Sie sollten Sonnencreme auftragen!

Brauche ich nicht.

Setzen Sie einen Hut auf, sonst holen Sie sich noch einen Sonnenstich.

Quatsch!

Nehmen Sie wenigstens eine Sonnenbrille, bevor Sie direkt in die Sonne gucken!

Ja ja!

Cumana, Venezuela, 4. November um 2 Uhr
GROLLL
Nachmittags hüllten dicke, schwarze Wolken die hohen Berge ein. Gegen 4 Uhr fing es an, über uns zu donnern. Im selben Moment erfolgten zwei Erdstöße im Abstand von 15 Sekunden. Das Volk schrie auf der Straße.
RUMPEL
Dieses war das erste von vielen Erdbeben, die wir während unseres Aufenthalts in Quito und an den Küsten von Peru erlebten. Ich hätte nicht geglaubt, dass man sich an die starken Bewegungen des Bodens gewöhnen würde. Später standen wir erst gar nicht mehr auf, wenn nachts ein unterirdisches Gebrüll einen neuen Stoß ankündigte.
RUMPEL
DRÖÖÖHN
Berlin
Was zum ...?

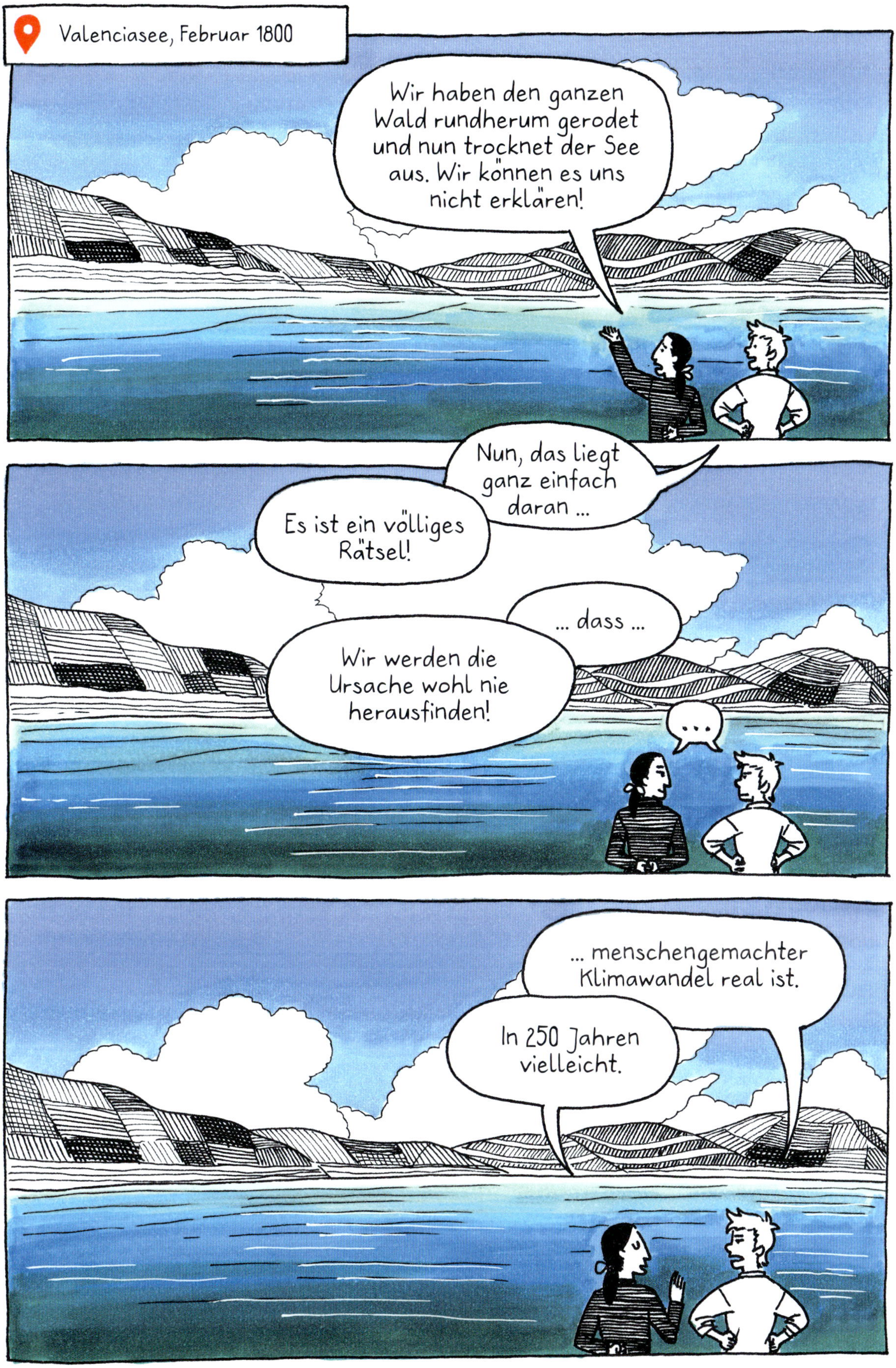

Valenciasee, Februar 1800

Wir haben den ganzen Wald rundherum gerodet und nun trocknet der See aus. Wir können es uns nicht erklären!

Nun, das liegt ganz einfach daran ...

Es ist ein völliges Rätsel!

... dass ...

Wir werden die Ursache wohl nie herausfinden!

...

März 1800

Aimé, sehen Sie sich das mal an!

Oh, das ist aber ein großer Aal!

Wollen Sie ihn mal anfassen?

Darf ich? ... Oh, der ist ja ganz steif!

Vorsicht, er ist noch erregt! Warten Sie. Bevor wir loslegen, schalte ich nur rasch die Kamera ein.

Alexander, sind Sie sicher, dass das eine gute Idee ist?

Klar, so was wollen die Leute sehen!

Die Sumpfwasser nahe Calabozo sind mit zahllosen elektrischen Aalen gefüllt, deren schleimiger, gelbgefleckter Körper nach Willkür eine erschütternde Kraft aussendet. Diese *Gymnoten* haben 1,5 bis 2 Meter Länge und sind mächtig genug, um die größten Tiere zu töten. So bricht hier elektrisches Feuer aus dem Schoß der Gewässer aus.

April 1800: Irgendwo im Orinoco-Dschungel, Venezuela
Wo sind wir?
Keine Ahnung.
Wie ist unsere Position?
Ich weiß es nicht.
Was sagt das Navi?
‹ Nach 200 Metern links abbiegen. ›

Alexander ...
Mrrrr...
Hm?
Da ... da ist ...
Was denn?
FFAUUCH!
ÖLÖÖÖLÖL
ÖÖLLÖLÖÖL
ÖLLÖÖÖL
Miau!!
WAS WAR DENN DAS??
DER PAARUNGSRUF DES BRÜLLAFFEN; ES HIESS, ER KÖNNE EINEN JAGUAR IN DIE FLUCHT SCHLAGEN!

alexandervonhumboldt LIVE
georg-forster
jwg
henriette<3
In den Wäldern am Orinoco entwickeln sich die Naturkräfte in mannigfaltigen Pflanzen- und Tiergestalten. Die größeren Tiere verbergen sich im Dickicht, die Vögel unter dem Laub der Bäume. Lauscht man der scheinbaren Stille der Natur, so vernimmt man ein dumpfes Geräusch, ein Schwirren und Sumsen der Insekten. In jedem Strauch, der gespaltenen Rinde, der aufgelockerten Erde, regt sich hörbar das Leben. Hier droht nie die verheerende Hand des Menschen, sondern nur der üppige Andrang schlingender Gewächse.

Im Sommer 1800 beschifften wir den Orinoco. Vier Monate wurden wir vom Regen, von fürchterlichen Moskitos und Ameisen und ganz besonders vom Hunger geplagt. Bananen, Maniok, Wasser und zuweilen etwas Reis war unsere ganze Nahrung. Dabei waren wir beständig von Jaguaren und Krokodilen umgeben, die sich gar nicht genierten und jeden Menschen für einen guten Bissen hielten.

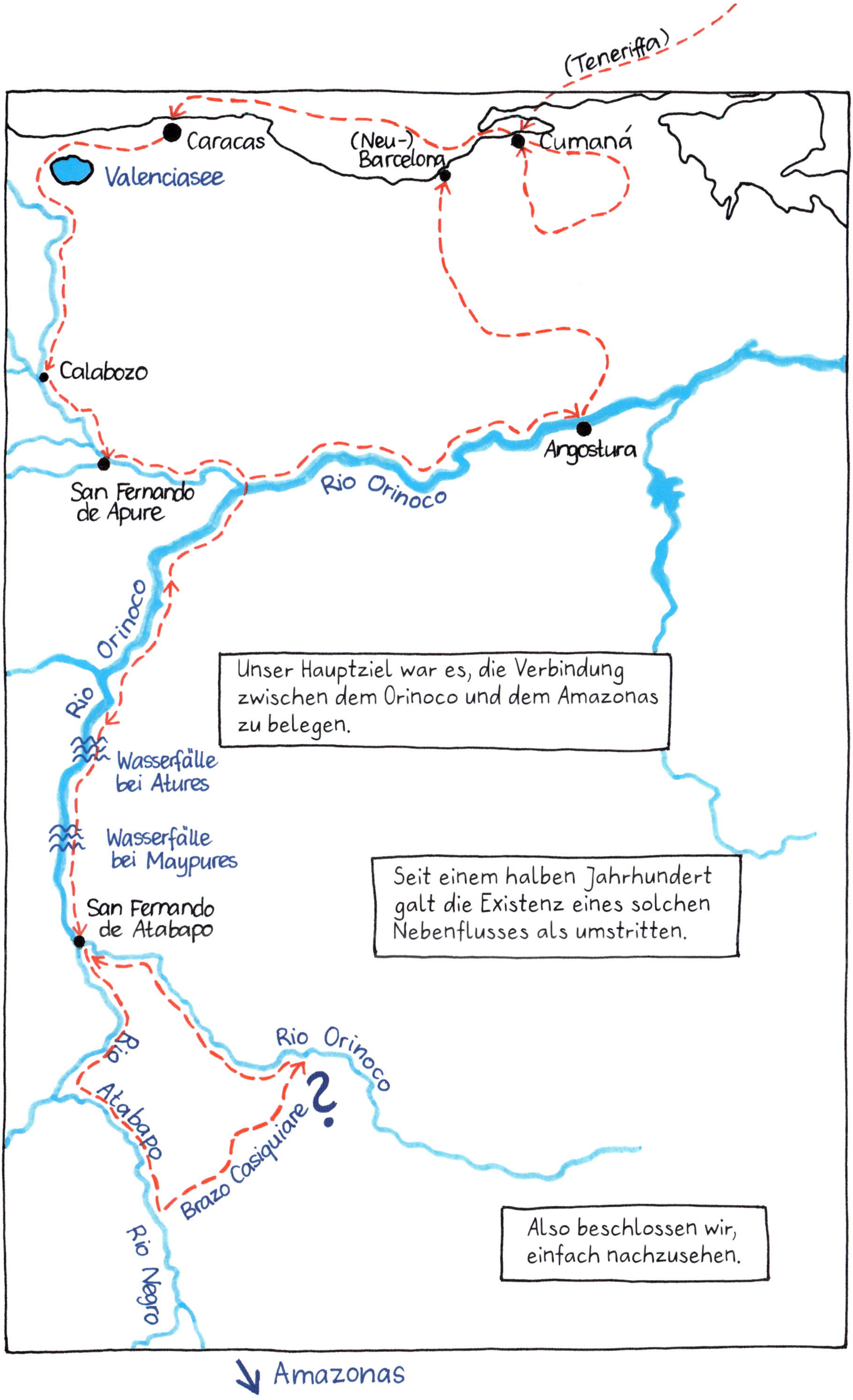

(Teneriffa)

Caracas

(Neu-)
Barcelona

Cumaná

Valenciasee

Calabozo

Angostura

San Fernando
de Apure

Rio Orinoco

Rio Orinoco

Unser Hauptziel war es, die Verbindung zwischen dem Orinoco und dem Amazonas zu belegen.

Wasserfälle
bei Atures

Wasserfälle
bei Maypures

San Fernando
de Atabapo

Seit einem halben Jahrhundert galt die Existenz eines solchen Nebenflusses als umstritten.

Rio Orinoco

Rio Atabapo

?

Brazo Casiquiare

Rio Negro

Also beschlossen wir, einfach nachzusehen.

Amazonas

Obgleich wir in Ländern, in denen Vampire und ähnliche Fledermausarten häufig sind, so manche Nacht unter freiem Himmel verbrachten, wurden wir nie von ihnen gebissen.
AAAAAHH!!!
Puuh. Ja, alles in Ordnung. Ich dachte, ich hätte etwas gespürt ... aber es war wohl nichts.
Was? Was ist? Ich bin wach!
Alexander, ist alles in Ordnung?
Schlafen Sie nur weiter, Aimé. Gute Nacht! *gähn*
Der Biss ist nicht gefährlich und der Schmerz meist so unbedeutend, dass man erst aufwacht, wenn das Tier sich bereits davongemacht hat.

Ding!
21. Mai 1800
Herzlich willkommen im Amazonas-Netz! Innerhalb des Amazonas zahlen Sie für abgehende Telefonate, sowie für SMS und Datennutzung 4,99 Taler/ Min. Eine abgehende
kostet 4,99
HA!!
Ich wusste es!
Die Zweifel gegen die Möglichkeit einer Verbindung mit dem Amazonas sind durch meine Expedition vollkommen widerlegt worden: Bei einer ununterbrochenen Schifffahrt von 1700 Kilometern bin ich durch ein Flussnetz vom Rio Negro über den Casiquiare in den Orinoco, von der brasilianischen Grenze bis zur Küste von Caracas gelangt!

Aimé, darf ich Ihnen kurz meinen Blogartikel über die Bifurkation im Orinoco-Gebiet vorlesen?
Na gut, lassen Sie hören.
Okay, los geht's:

Ein dichter Busch erfüllt den feuchten Landstrich zwischen dem Orinoco und dem Amazonas.

Zwei mächtige Felsmassen verengen das Bett der schäumenden Flüsse. In der Mitte befindet sich eine große Scheide.

Genau an diesem Punkt vereinen sich die beiden mächtigen Kanäle in einer gigantischen Stoßkraft ...

Und, wie finden Sie es?
Sehr, äh ... plastisch.

Am Ausfluss des Orinoco ernährt allein die Mauritiapalme die Nation der Guaraunen.
Aus den Blattstielen gewebte Hängematten spannen sie von Stamm zu Stamm.
Die engschuppigen Früchte spenden eine verschiedenartige Nahrung.
Das gewonnene Mehl wird in dünnen, brotähnlichen Scheiben gedörrt.
Ihre Hütten erheben sie auf umgehauenen Palmenpfosten.
Der gegorene Saft ist ihr süßer, berauschender Palmwein.
Wahrlich eine Schlüsselart!
So finden wir die Existenz eines ganzen Stammes an fast einen einzigen Baum gefesselt.
Der Begriff wird sich nie durchsetzen.

Eines Mittags hielten wir an einem unbewohnten Baumwollfeld. Während man das Fahrzeug an Land zog und das Mittagessen rüstete, ging ich am Gestade hin, um einen Trupp Krokodile zu beobachten, die in der Sonne schliefen. Da bemerkte ich die frische Fährte eines Jaguars.
Diese ungeheuren Katzen sind hierzulande, wo es Wasserschweine, Bisamschweine und Hirsche im Überfluss gibt, so gut genährt, dass sie selten einen Menschen angreifen.

In einem Biwak nahe der Einmündung des Casiquiare in den Orinoco erlebten wir den schmerzhaften Verlust unseres treuesten und freundlichsten Reisegefährten, eines großen Hundes. Ungewiss, ob er von Jaguaren zerrissen sei, blieben wir noch eine Nacht am selben Ort.
winsel
In der Nähe hörten wir das Geschrei der Jaguare; wahrscheinlich derselben, denen wir die Untat zuschreiben konnten.

Erlesene Flusswasser
In der heutigen Verkostung servieren wir ausgesuchte Wasser aus dem Orinoco-Gebiet. Dieses zeichnet sich durch fruchtbare Böden und ein perhumides Klima aus, das sich in der Art und Vielfalt ihrer Wasser wiederfindet.

Wir beginnen mit dem Orinoco selbst: dunkle, trübe Farbe, öliger Körper, exzentrischer Geschmack mit Spuren von Salz.

Als Nächstes der westliche Rio Apure: lebendiges Bukett mit Kakao, Paranuss und einer Note Fisch im Abgang.

köstlich!
Zuletzt der Rio Atabapo. Ein wunderbarer Tropfen, herrlich im Geschmack. Pikante Säure, vollkommene Balance, angenehmes Auge. Passt hervorragend als Aperitif oder als Begleitung zu gerösteten Ameisen und Schildkröteneiern.

In Guyana ist es wegen der Moskitos, die die Luft verfinstern, fast unmöglich, am Tageslicht zu schreiben; man kann die Feder nicht ruhig halten, so wütend schmerzt das Gift dieser Insekten. All unsere Arbeit musste daher beim Feuer, in einer einfachen Hütte vorgenommen werden, wo kein Sonnenstrahl eindringt. Hier aber erstickt man wieder vor Rauch, wenn man auch weniger unter den Moskitos leidet.

zupf!
!!!
TRAMPEL
miauuuuuuu!
schnapp!
PLATSCH

Hören Sie nur, die Tiere feiern den Vollmond!
Für mich klingt das eher, als sei ein Kampf um Leben und Tod entbrannt ...!

O2
Studien haben bewiesen: Der Wald hat eine grundlegende Bedeutung für das Klima und die Ökosysteme. Bäume setzen Sauerstoff frei.
Arzt
Mit-Unterzeichner der Amerikanischen Unabhängigkeitserklärung
Manche Leute, wie der sogenannte »Arzt« Mr. Hugh Williamson, preisen die Rodung riesiger Waldgebiete. Dies solle sich angeblich vorteilhaft auf das Klima auswirken.
I CALL IT BULLSHIT!
Zero Trees
= ero Problem ?
Wenn der Mensch auch weiterhin die natürlichen Abläufe durch Rodung und Raubbau gewaltsam durchbricht, sind die Auswirkungen auf das Klima inkalkulabel. Alles ist in Wechselwirkung!
KOSMOS
Like
Subscribe
Wenn euch das Video gefallen hat, lasst gerne ein Like da und vergesst nicht, den Kanal zu abonnieren!

Bei den Eingeborenen gilt das Curare, innerlich eingenommen, als vortreffliches Magenmittel.

Es schmeckt sehr angenehm bitter und Bonpland und ich schluckten oft kleine Mengen.

Gefahr ist keine dabei; wenn man nur sicher ist, dass man an den Lippen oder am Zahnfleisch nicht blutet.

!!
Schnapp!
Rompf
Huiii!

Was hast du dem denn gegeben?
Ich sehe Töne!
Gar nix. Er hat an einem Frosch geleckt.

Die *Lenguarazes*, das heißt Dolmetscher, begleiteten uns beim Botanisieren. Sie verstehen wohl Spanisch, aber sie können es nicht recht sprechen.

Nicht selten konnten wir nur mittels mehrerer Dolmetscher und so, dass derselbe Satz mehrfach übersetzt wurde, mit den Eingeborenen verkehren.

‹ Meine Nachbarin hat 'ne Meise, aber was macht mein Hahn auf meinem Esel? ›

‹ Was wollen sie uns mitteilen? ›

Man begreift leicht, dass einem die Geduld ausgeht, wenn man monatelang solche Gespräche zu führen hat.

‹ Einfach lächeln und nicken, immer lächeln und nicken! ›

Ich glaube, das ist schon wieder eine neue Art!
Schon wieder? … Und wie wollen Sie sie nennen?
Hm … wie wäre es mit *Bradycellus humboldtianus*?
Tja, warum nicht.
Was soll das denn nun wieder heißen?
Ich finde, Sie könnten etwas fantasievoller bei der Benennung sein. *Kleinella humboldti*, ernsthaft?
Wenigstens sind meine Namen nicht geschmacklos, Monsieur *Jacksonia furcellata*!
Immerhin benenne ich nicht jeden zweiten Pilz nach mir!
Bei über 3000 klassifizierten Arten können einem schon mal die Ideen ausgehen!

Währenddessen, in Weimar ...
Herzlich willkommen zu einer neuen Folge von *Bildung und Sprache*, dem Podcast von und mit Bill und Joe! Ich bin Wilhelm ...
Und ich bin Johann Wolfgang.
Heute haben wir etwas ganz Besonderes dabei.
Mein Bruder Alexander hat uns eine Sprachaufnahme aus Maypures in Venezuela zugeschickt.
Sie stammt vom letzten Individuum, das noch die Sprache des untergegangenen Stammes der Aturer spricht. Was hat es uns wohl zu sagen?
...
Wie lange leben Papageien noch mal?

Das ...
das ist ...
UNGLAUBLICH!
Was denn?
Da steht sie! Die Antwort auf ALLES!
Und wie lautet sie?
Zweiundvierzig.
Ich verstehe es nicht.

Nicolas Baudin
Kapitän | Expeditionsleiter
März 1801 ·

Es geht los ...!

Nach 2 Jahren Verzögerung brechen wir endlich auf zur #Weltumsegelung. Geplante Stationen: Teneriffa, Westtimor, Australien. **Alexander von Humboldt**, sehen wir uns in Lima!?

James Cook und 3479 weitere Personen 295 K

Gefällt mir

Kommentar → Teilen

Sieh an! Offenbar hat Kapitän Baudin doch noch einen Investor für seine Weltreise gefunden.

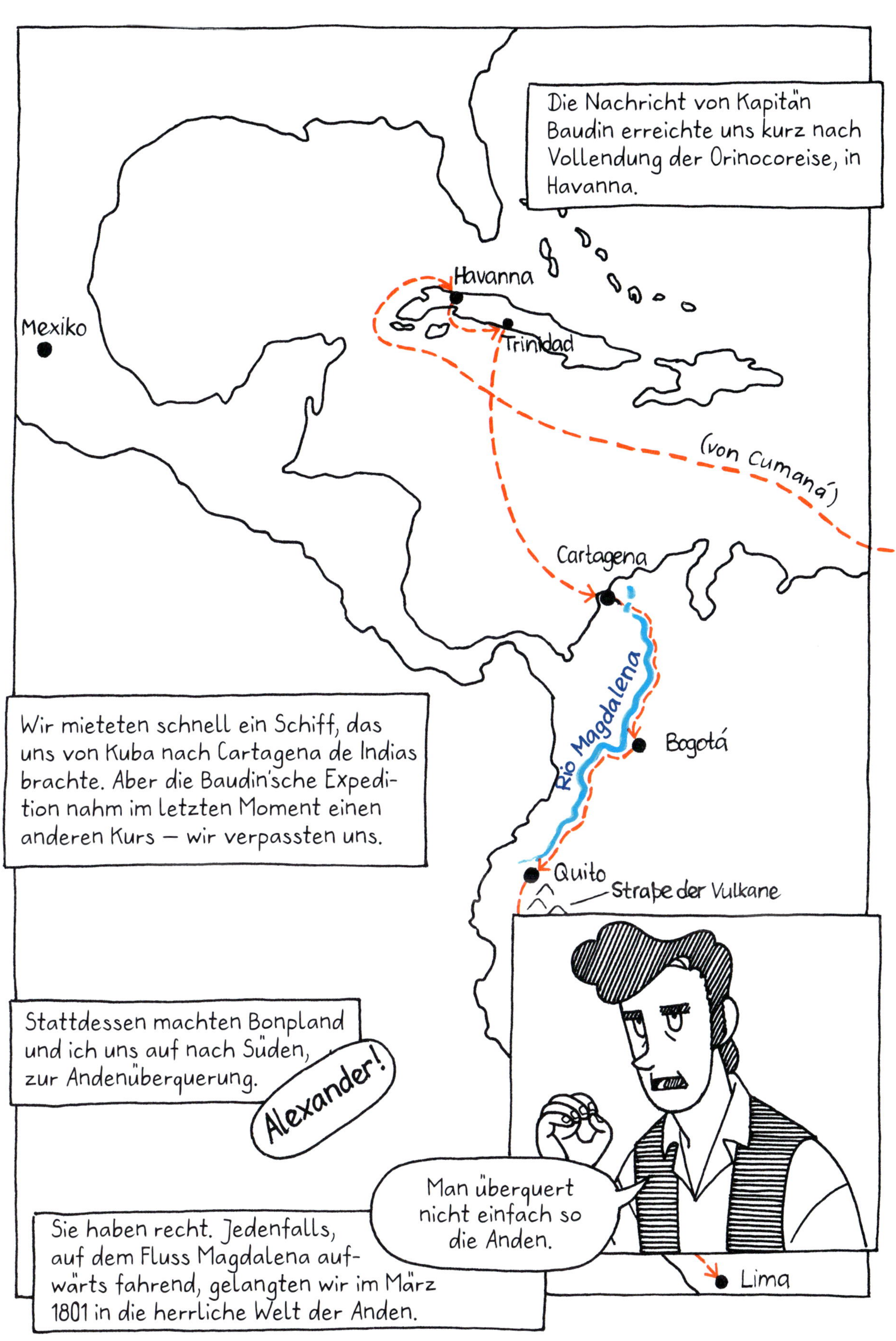
Die Nachricht von Kapitän Baudin erreichte uns kurz nach Vollendung der Orinocoreise, in Havanna.
Havanna
Mexiko
Trinidad
(von Cumaná)
Cartagena
Rio Magdalena
Bogotá
Wir mieteten schnell ein Schiff, das uns von Kuba nach Cartagena de Indias brachte. Aber die Baudin'sche Expedition nahm im letzten Moment einen anderen Kurs – wir verpassten uns.
Quito
Straße der Vulkane
Stattdessen machten Bonpland und ich uns auf nach Süden, zur Andenüberquerung.
Alexander!
Man überquert nicht einfach so die Anden.
Sie haben recht. Jedenfalls, auf dem Fluss Magdalena aufwärts fahrend, gelangten wir im März 1801 in die herrliche Welt der Anden.
Lima

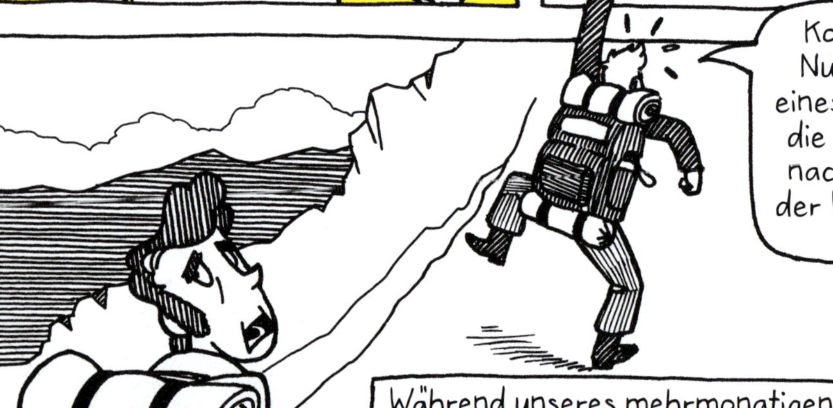

Während unseres mehrmonatigen Aufenthalts in Quito waren wir damit beschäftigt, die dortigen Vulkane zu erforschen. Nacheinander erklommen wir die Gipfel des Pichincha, des Cotopaxi, des Antisana und des Illiniza, wobei wir uns zwei bis drei Wochen bei jedem von ihnen aufhielten und zwischendurch immer wieder nach Quito zurückkehrten.

keuch
keuch
keuch

Willkommen, Fremde! Seid ihr durstig? Wollt ihr Wasser?
Nur ... eine ... Sache ...

Wie lautet das WLAN-Passwort?
Wo kann ich mein Handy aufladen?

Wer nicht zu Fuß gehen will, der lässt sich tragen.
Vornehme Personen lassen sich in einer Bahre transportieren ...
Das gefällt mir ganz und gar nicht!
Entspannen Sie sich, Alexander. Genießen Sie die Aussicht!
... oder in einer Art Tragesessel von einem *Sillero*, wobei man eine elende, hilflose Figur spielt.

Morgens am 15. März machten wir uns auf zum Vulkan. Es war grausig kalt, es regnete Eis. Der Wind blies so stark, man hatte Mühe, sich zu halten. Die Eisnadeln waren vollkommen kristallisiert und umso schärfer. Ich trug, wie gewöhnlich, das Gesicht unverhüllt.
Aimé! Schauen Sie, was ich gefunden habe!
AAAH!! Wie sehen Sie denn aus?
Schauen Sie sich nur mal diese prächtige Flechte an!

Francisco, 34

José, 70

Der sieht doch gut aus!

Lassen Sie mal sehen ...

Carlos, 21

UNSTA

3km entfernt

Naturbursche zum Pferdestehlen, überaus tätig, sehr mutvoll und unerschrocken. Liebt Tiere, Pflanzen & la revolución.

In der Tat, das sind vortreffliche Eigenschaften für einen reisenden Naturalisten.

Super-Like!

Es gab viele Anwärter für unsere Reisebegleitung. Eine Person stach jedoch besonders hervor: ein junger Offizierssohn namens Carlos de Montúfar. Er sollte uns für den Rest der Expedition begleiten.

Juli–September 1801:
Aufenthalt in Bogotá

192.607 Likes
alexandervonhumboldt Der mächtige Gipfel des #Yeonnamari (2.689 m), eine der herrlichsten Naturszenen der Tropenwelt! … mehr

lovelove 4567 Super Bild!

sunshine_corgi #couplegoals

princesscharming Ihr Zwei ❤️ 🙏

Haben Sie die Kommentare gelesen? … Wie kommt man bloß auf so was?

21:37

Keine Ahnung 🤷

Die Leute sind seltsam …

Wir sind ein tolles Team, auf absolut professioneller Ebene

😘

Am 23. Juni 1802 nahmen wir den Chimborazo in Angriff.
DING!
HIGHSCORE
Neuer Höhenrekord
5.920 m
HA! Wir sind offiziell höher als die ollen Franzosen bei ihrer Anden-Expedition. Das ist ein neuer Weltrekord!
Ähem ... Excusez moi!?
Wir gelangten höher, als ich gehofft hatte: Wir standen über den Gipfeln von Antisana und Cotopaxi – höher, als je ein Mensch gewesen war. Es fehlten nur noch 390 Meter bis zum Gipfel.

schlump

Du meine Güte!

Ist dir etwas zugestoßen!? Mein teuerstes Stück ... Zum Glück ist dir nichts passiert ...
H-Hilfe!

23. Juni 1802
HEUUUUL
Alexander! Wir sollten umdrehen. Dort vorne kommen wir nicht weiter!
Nur noch ein kleines Stück ...
Krk!
Schlitter

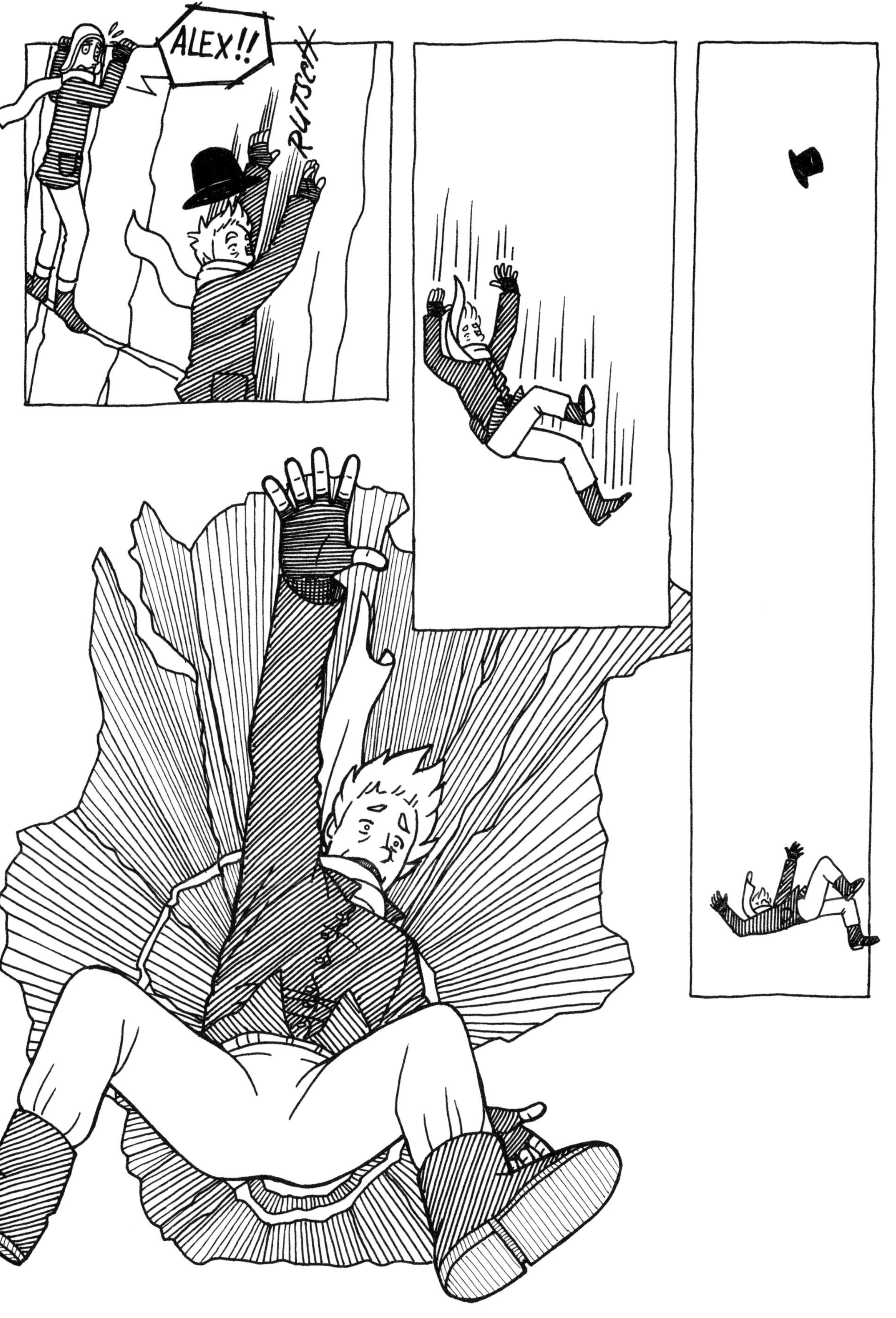
ALEX!!
PUTSCH

Autsch!

Oi!

Aaah!

Ouff!

Aij!

Aua!

~schlitter~
poff
Um Himmels willen!
Alexander, sind Sie okay?
Ist er tot?
Er atmet noch!
Alexander, können Sie mich hören?
Ich ... habe ... verstanden ...
Was sagen Sie? Was haben Sie verstanden?

Gipfel des Chimborazo
Höhe des Popocatépetl .....
Höhe des Pico del Teide .....
Pichincha
Bafella niv.
Weissia
Région des Wintera et de l'Escallonia
Columella
Nierembergia
Piper
Chenopodium
Viburum
Salviæ
Ægumætia caranifera
Vaccinium merid.
Voyra cærulea
Smilax
Sapindus
Ægiphilia
Sterculia
Cocos
Cleome

Gipfel des Cotopaxi
..... Höhe des Pico de Orizaba oder Citlaltépetl
..... Höhe des Mont Blanc
..... Lage der Stadt Quito
..... Höhe des Vesuvs
Dactylia
Avena nival.
Juncus
Melica
Lobelia nana
Supa
Jarava
Oenothera
Lupinus
Clusia tetranda
Tassilago
Azorella
Conyza
Molina
Geranium
Pourretia
Datura
Wemmaniæ
Paltoria
Arnica
Berberis
Gentianes
Xyris
Dichondra
Région du Barnadesia et du Duran
Coffea occid.
Vallea flipularis
Rubus alp.
Région du Palmier à Cire de Quindiu von 1800 m bis 2800 m (Wachspalme)
Lobeliæ
Xyris
Clusia alba
Styrax
Oxalia edul.
Barbulæ
Lich. Chinchonæ
Nicotiamæ
Région des Cinchona von 700 m bis 2900 m
Godoya
Killingiæ
Tillandsia
Myrtus microphylla
Cucullaria rochy
Krameria
Mutingia
Baudinia
Comocladia
Thibaudia
Manettia
Melia sempervir.
Nissolia
Ochroma
Eugenia
Theophrasta
Thalia
Helizonia
Varronia
Ribes frig.
Andropogon
Dieranum
Basella
Passiflora mixta
Polymna
Oxalis
Bubon apio
Valeriana
Calceolaria
Taxus
Salix pol.
Begonia
Loasa
Thalictrum
Schinus molle
Tillandria
Aristidæ
Thelephora glabra
Solidago
Freziera nervosa
Anona reticul.
Palmier à Cire
Pontederia
Norantea
Paspaluna
Celsia
Pothos
Cyperi
Foveolaria
Dolichos
Croton
Daphne Lagretto
Comadallia
Bocconia
Foveolaria
Sisyrinchium
Voya rosea
Caryocar amygdalis
Cyperi
Equisernia
Cucullaria rochy
Myristica granat.
Pyllanthi
Cassiæ
Martinezia
Hiraea
Godoya
Croton
Hymenca
Ficus
Dolichos
Rauwolfia
Bromelia
Spigelia
Plumieria
Thrinax
Hippomane
Jacquinia
Amyris
Capparis
Paulliniæ
Carolinæa
Latropha gossypifolia
Fagara
...ALLES!

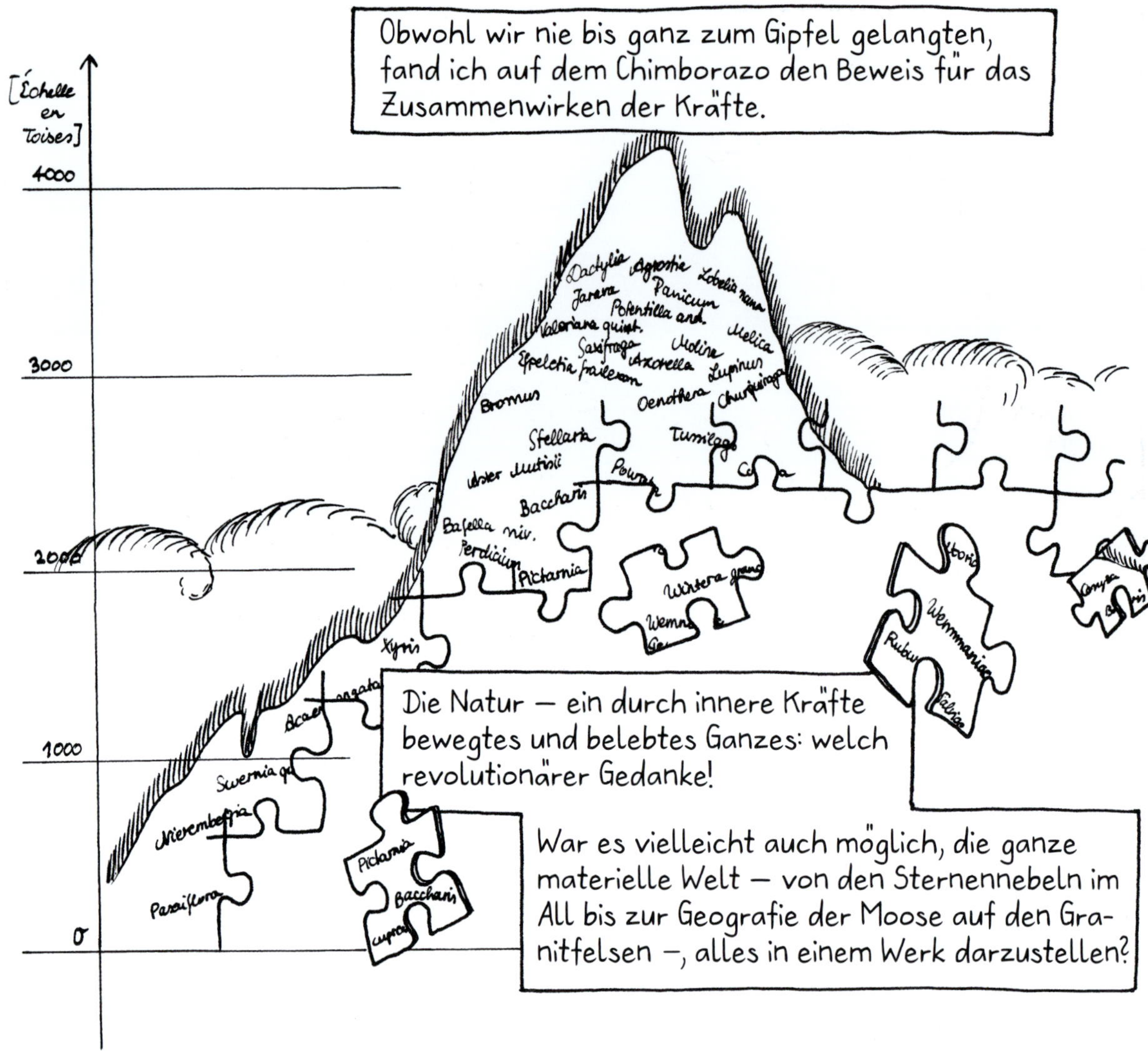

Obwohl wir nie bis ganz zum Gipfel gelangten, fand ich auf dem Chimborazo den Beweis für das Zusammenwirken der Kräfte.

Die Natur – ein durch innere Kräfte bewegtes und belebtes Ganzes: welch revolutionärer Gedanke!

War es vielleicht auch möglich, die ganze materielle Welt – von den Sternennebeln im All bis zur Geografie der Moose auf den Granitfelsen –, alles in einem Werk darzustellen?

Die Idee einer physischen Weltbeschreibung.

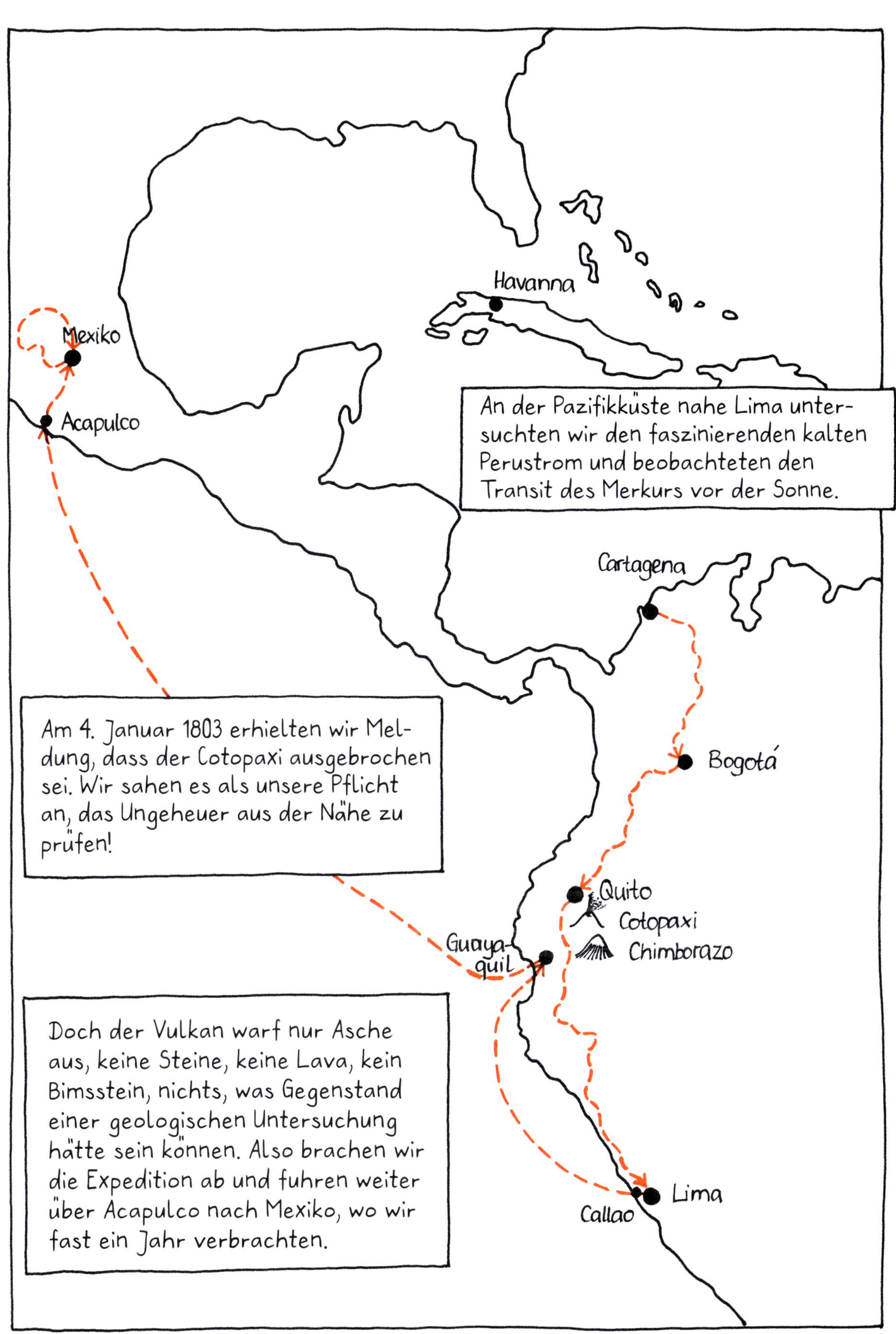
Havanna
Mexiko
Acapulco
An der Pazifikküste nahe Lima untersuchten wir den faszinierenden kalten Perustrom und beobachteten den Transit des Merkurs vor der Sonne.
Cartagena
Am 4. Januar 1803 erhielten wir Meldung, dass der Cotopaxi ausgebrochen sei. Wir sahen es als unsere Pflicht an, das Ungeheuer aus der Nähe zu prüfen!
Bogotá
Quito
Cotopaxi
Chimborazo
Guayaquil
Doch der Vulkan warf nur Asche aus, keine Steine, keine Lava, kein Bimsstein, nichts, was Gegenstand einer geologischen Untersuchung hätte sein können. Also brachen wir die Expedition ab und fuhren weiter über Acapulco nach Mexiko, wo wir fast ein Jahr verbrachten.
Lima
Callao

Man hat mal wieder etwas nach Ihnen benannt ... Erinnern Sie sich an die kalte Meeresströmung, die wir auf dem Weg nach Guayaquil passiert haben? Sie heißt jetzt »Humboldtstrom«.
Ach ja?
Wie haben Sie das nur angestellt?
Kalt.
Wissen Sie, werter Aimé, dazu gehört unter anderem monatelanges, akribisches Sammeln und Auswerten Hunderter von Daten.

Thomas Jefferson · Mai 1804

*Dear Baron von Humboldt,
I have followed your expeditions, especially the ones to Cuba and Mexico, with great interest. I'd like to invite you to join us in the new capital of our proud, independent United States!
With best regards, TJ*

Alexander von Humboldt

Dear Thomas, we would love to come!! C U soon!

Trotz meines sehnlichen Wunsches, Paris wiederzusehen, konnte ich dem moralischen Interesse nicht widerstehen, die Vereinigten Staaten zu sehen und einen auf zwei Kontinenten bewunderten Politiker und Gelehrten kennenzulernen.
Hier wird der amerikanische Traum gelebt! Freiheit, Gleichheit, Demokratie – ich sage euch, das ist Fortschritt, das ist die Zukunft! Der erste Eindruck ist oft irref...
Howdy, partners! Welcome to America!
DAS ist der Präsident der Vereinigten Staaten?
Der Verfasser der Unabhängigkeitserklärung?
Er lebt wie ein einfacher Philosoph!

Die Amerikaner waren überaus interessiert an unseren Reisedaten. Besonders über die Bevölkerung, Größe und Bodenschätze der spanischen Provinzen am Rande des Rio Grande wollten sie alles wissen.
Die Fläche von Texas beträgt exakt 7006 Quadratmeilen und ist nur dünn besiedelt. Der östliche Teil der Provinz besteht aus Savannen.
Es sind Spuren von Bleisulfid, Kupfer und Eisen bekannt, aber man konzentriert sich lieber auf die immensen Reichtümer der Berge von Zacatecas, Catorce und Charcas.
BBC
1+1
Die Küste ist voller Untiefen und mit Inseln übersät.
Der Präsident wünschte Informationen über seine neu erworbenen Gebiete.
Ein Jahr zuvor ...
Uuh! Bonaparte verkauft Louisiana? Da muss ich zuschlagen!
Über 2 Mrd km² unberührtes Land in Top-Lage (Fehlkauf)
Hallo, was letzte Preis?
100 mio francs
Ich biete 50!
non. c'est mort
60!
tu rêves
80 Mio Francs! Letztes Angebot!
paypal oder kreditkarte?

Carlos de Montúfar
y Larrea-Zurbano

Aimé Jacques Alexandre
Bonpland

Wie Sie sicher wissen, bereisten wir fünf Jahre lang Neu-Andalusien und die Missionen bei den Kariben und den Chaima, die Provinzen Barcelona, Caracas, Barinas und ganz Guyana. Wir fuhren fast 1000 *nautical leagues* auf dem Orinoco ...

Wir ermittelten mit *nos montres de Longitudes et des Satellites* die Position des Casiquiare, *the branch of the Orinoco that flows into the Amazone*, über welchen wir den Rand von Grão-Pará, Brasilien, erreichten ...

In dieser Wildnis, *ces forêts antiques du Casiquiare*, sahen wir Felsen, die mit Hieroglyphen bedeckt waren, was beweist, dass dieser abgelegene Teil der Welt einst Heimat war *of a civilized people*. In Lima beobachteten wir *le Passage de Mercure* ...

Ein Jahr setzten wir unsere Arbeit in den *Cordillera de los Andes* fort. Wir trugen unsere Instrumente auf den Chimborazo auf 3036 *toises*, höher, als je ein Mensch gewesen ist ...
zuck

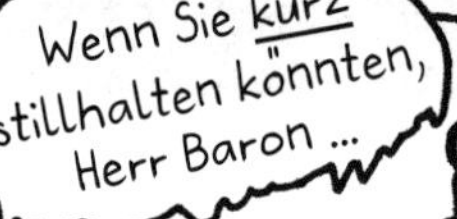
Wenn Sie kurz stillhalten könnten, Herr Baron ...

Die einzigen Kapitalien, deren Wert mit der Zeit wächst, sind die Produkte des Ackerbaus.

Precisely!

Eine florierende Agrarwirtschaft: Das ist der wahre Weg zu Freiheit und Wohlstand!

That's what I'm saying!

Wenn Sie wüssten, was ich auf Kuba gesehen habe ... Jeder Tropfen Zuckersaft kostet dort Blut und Ächzen! Die Sklaverei findet man überall dort, wo europäische Kolonisten ihre sogenannte »Aufklärung« hingetragen haben.

Ach, Mister Humboldt ... Wir haben mit der Sklaverei den Wolf am Ohr, und wir können ihn weder halten noch ihn gehen lassen. Gerechtigkeit ist eine Sache, Selbsterhaltung die andere.

Der Präsident und ich verstanden uns prächtig, doch in einem Punkt wurden wir uns niemals einig.

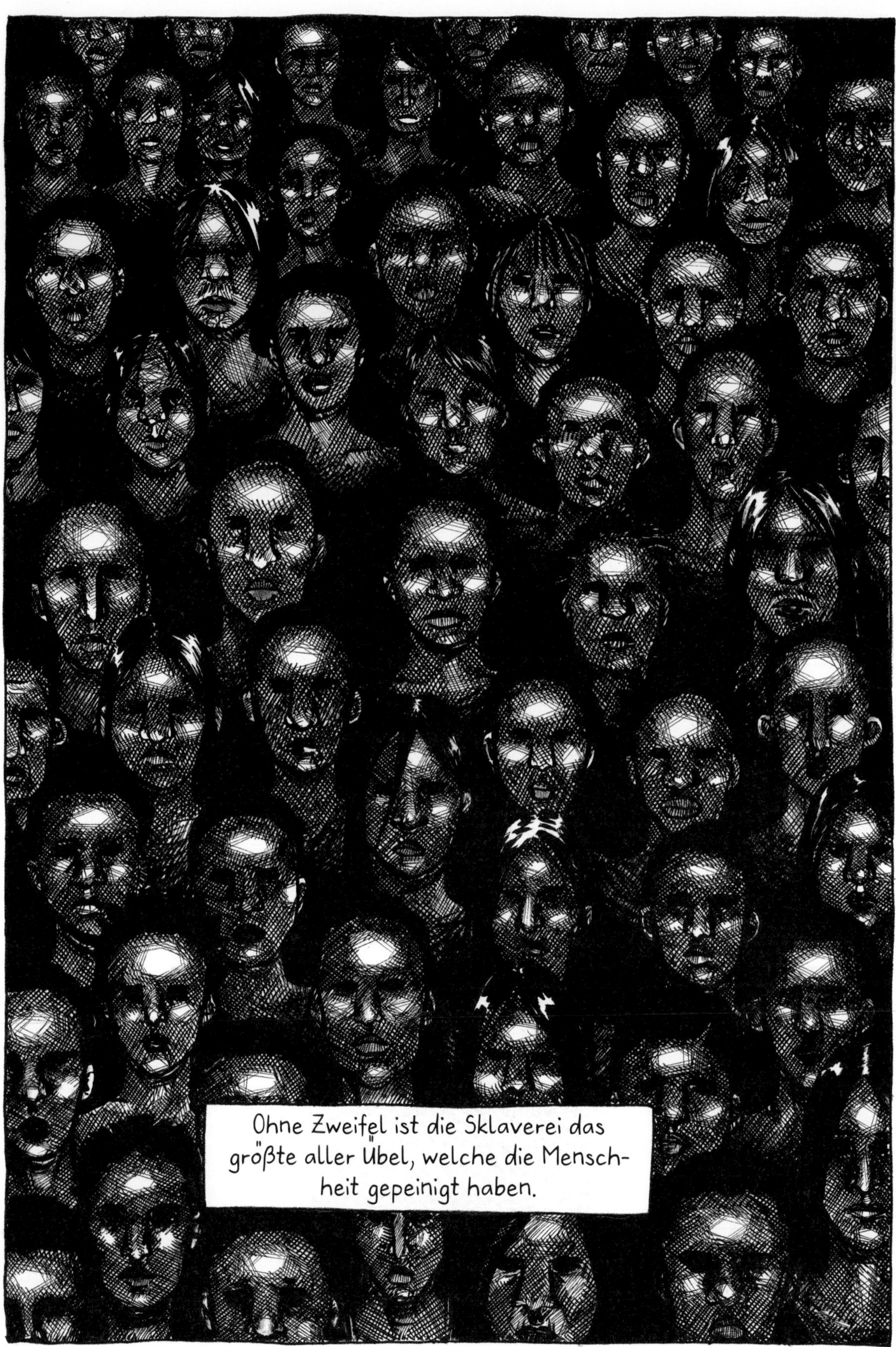
Ohne Zweifel ist die Sklaverei das größte aller Übel, welche die Menschheit gepeinigt haben.

Ich bin ein Berliner!

The USA is a beautiful country!

In Amerika lernten wir ein Volk kennen, welches mit großen Schritten auf die Vervollkommnung des gesellschaftlichen Zustands zugeht.

Ende Juni traten wir schließlich die Heimreise an.

Unterwegs erlebten wir den schlimmsten Sturm der gesamten Expedition.

Anfang August 1804 erreichten wir Bordeaux und wenig später Paris.

DANACH

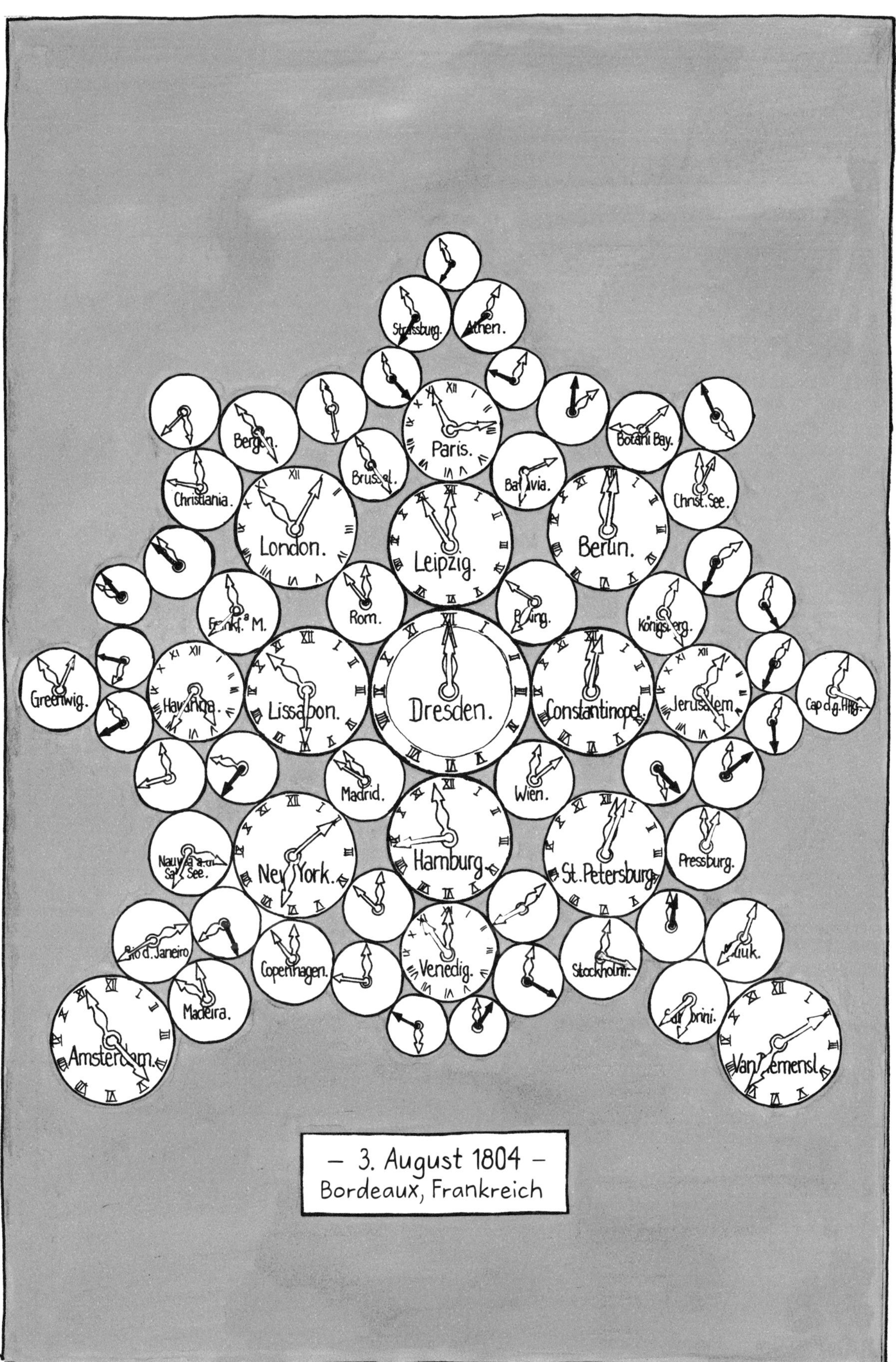
Paris.
London.
Leipzig.
Christiania.
Dresden.
Constantinopel.
Lissabon.
Rom.
Madrid.
Wien.
Hamburg.
St. Petersburg.
Pressburg.
Copenhagen.
Venedig.
Madeira.
Rio d. Janeiro
– 3. August 1804 –
Bordeaux, Frankreich

Paris, August 1804
THIS SIDE UP
Ich kann es kaum erwarten, das alles auszuwerten!
Nach fünfjähriger Abwesenheit endlich zurück auf europäischem Boden. Unsere Expedition von 9000 Meilen in beiden Hemisphären ist sehr glücklich verlaufen. Ich bin gesünder, stärker, heiterer und arbeitsamer denn je!

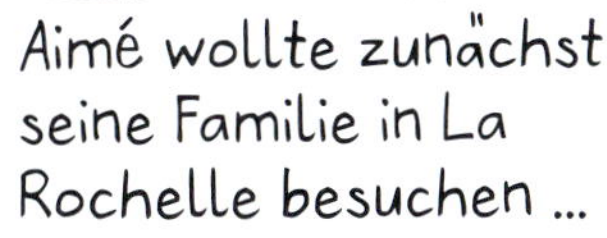

Carlos reiste weiter nach Madrid, um eine Karriere beim Militär anzustreben …

Aimé, ich bitte Sie: Schicken Sie mir endlich das Manuskript! Und behaupten Sie nicht, Sie hätten es schon gesendet – ich habe im Spam-Ordner nachgesehen, da ist nichts!
Wie bitte? Ich kann Sie nicht hören ...
Hier ist der Empfang GANZ schlecht ... Mein Akku ...
... ist gleich l...
pieep
Die Welt sollte so schnell wie möglich von unseren Erkenntnissen erfahren! Ich plante eine Reihe von Veröffentlichungen: 40 Bildbände, Aufsätze, Essays, wissenschaftliche Vorträge, eine Welttournee ... Doch die Arbeiten verzögerten sich; Bonplands Beitrag ließ auf sich warten.

Die nächsten Monate verbrachte ich mit einem wahren Medienmarathon. Ich gab unzählige Interviews ...
frühstücks fernsehen

... erzählte Anekdoten über unsere Reise ...

... und bewarb unsere Bücher in den einschlägigen Foren.
Markus LANZ

Und so vergingen die Jahre.

Nach dem Sturz Napoleons siedelte Bonpland nach Paraguay um und begann mit der Züchtung und Erforschung von Mate. Inmitten der Plantage gründete er eine »Indianerkolonie«.

Paraguays Diktator José Gaspar Rodríguez fürchtete um sein Monopol im Teehandel. Nur ein Jahr später ließ der Diktator die blühende Plantage nebst Kolonie dem Erdboden gleichmachen und nahm Bonpland gefangen.

Seine Haft sollte acht Jahre dauern. Selbst der Einsatz von Humboldt und weiteren namhaften Persönlichkeiten half nichts.

Nach seiner Freilassung siedelte Bonpland nach Brasilien um und widmete sich der Zucht von Orangenbäumen, Nutzpflanzen und Merinoschafen.

Trotz permanenten Geldmangels kümmerte er sich Zeit seines Lebens um die medizinische Versorgung der indigenen Bevölkerung.

All die Jahre über hielt die Brieffreundschaft von Aimé und Alexander.

Aimé Bonpland kehrte nie wieder nach Europa zurück.

Er starb verarmt in Santa Ana im Norden Argentiniens. Der Ort heißt heute Bonpland.

Nachdem er zusammen mit Humboldt und Bonpland der Krönung Napoleons I. zum Kaiser beigewohnt hatte, verließ Carlos de Montúfar Paris Richtung Madrid. Zunächst kämpfte er an der Seite der Spanier gegen Napoleon. 1810 schloss er sich jedoch den Befreiungskämpfern für die Unabhängigkeit der Provinz Quito an.

An der Seite von Simón Bolívar kämpfte de Montúfar für die Befreiung Neu-Granadas (heute: Ecuador) von der spanischen Kolonialherrschaft. Für seine Leistungen auf dem Schlachtfeld erhielt er den Spitznamen »El Caudillo«.

1816 wurden die Unabhängigkeitskämpfer in der Schlacht von Cuchilla del Tambo (Kolumbien) von den spanischen Truppen besiegt und gefangen genommen. Carlos de Montúfar wurde zum Tode verurteilt und starb am 31. Juli 1816 mit nur 35 Jahren.

Fünf Jahre später erlangte Ecuador seine Unabhängigkeit von Spanien.

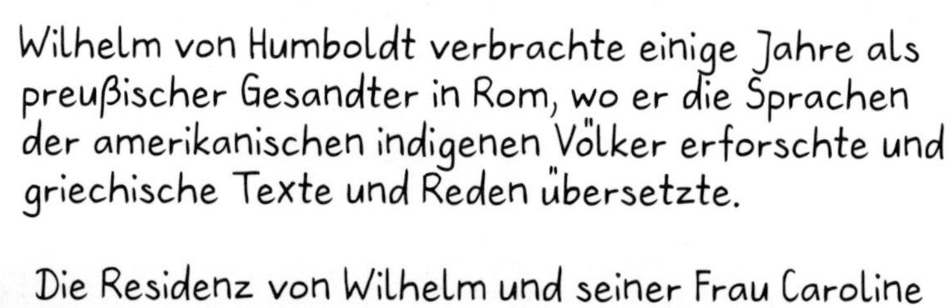

Wilhelm von Humboldt verbrachte einige Jahre als preußischer Gesandter in Rom, wo er die Sprachen der amerikanischen indigenen Völker erforschte und griechische Texte und Reden übersetzte.

Die Residenz von Wilhelm und seiner Frau Caroline war zu jeder Zeit häufiger Treffpunkt von Gelehrten und KünstlerInnen.

Nach der Rückkehr nach Deutschland reformierte Wilhelm als Geheimer Staatsrat und Direktor der Sektion für Kultus und Unterricht das deutsche Bildungswesen und gründete 1809 die Universität zu Berlin.

Beim Wiener Kongress setzte sich Wilhelm für ein vereintes Deutschland ein und bewirkte den Beitritt Österreichs zur Koalition gegen Napoleon.

Wegen seiner liberalen Haltung und des Widerstands gegen die Karlsbader Beschlüsse wurde Wilhelm all seiner Ämter enthoben.

Die letzten 15 Jahre seines Lebens verbrachte er im elterlichen Schloss Tegel und widmete sich ganz den sprachwissenschaftlichen Forschungen.

Ende 1804 trat Thomas Jefferson zu seiner zweiten Amtszeit an. Er gewann die Wahl mit überwältigender Mehrheit.

Humboldt und Jefferson schrieben sich noch einige Jahre lang Briefe. Sie tauschten sich über Natur, Landwirtschaft und Politik aus. Nur beim Thema Kolonialismus und Sklaverei gingen ihre Meinungen auseinander.

1809 löste James Madison ihn als Präsident ab. Jefferson zog sich nach Monticello zurück, wo er sich um seine zahlreichen Forschungen, Korrespondenzen und den Ausbau seines Heims kümmerte. Daneben trieb er die Gründung der University of Virginia voran; sie war geprägt von seinem Ideal einer Trennung von Kirche und Staat.

Thomas Jefferson starb am 4. Juli 1826, dem 50. Jahrestag der von ihm verfassten Unabhängigkeitserklärung.

Und wie ging es für mich weiter?
Ich schmiedete wieder Reisepläne; nach Indien, in den Himalaya, nach Tibet sollte es gehen!
Stattdessen verbrachte ich die nächsten Jahre in Paris, ehe König Friedrich Wilhelm III. mich zurück nach Berlin beorderte.
Ich diente ihm 30 Jahre als Kammerherr.
Meine Bücher und Vorträge wurden millionenfach verkauft und in unzählige Sprachen übersetzt.
Der Name Alexander von Humboldt ging an meiner statt um die Welt.

Diverse Tier- und Pflanzenarten wurden nach mir benannt ...

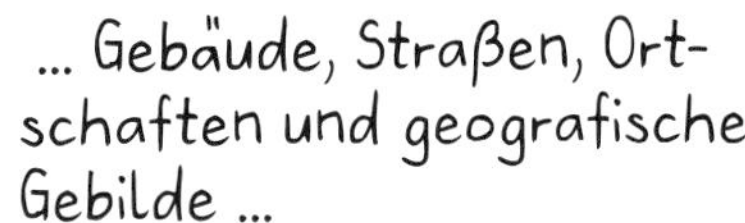

... Gebäude, Straßen, Ortschaften und geografische Gebilde ...

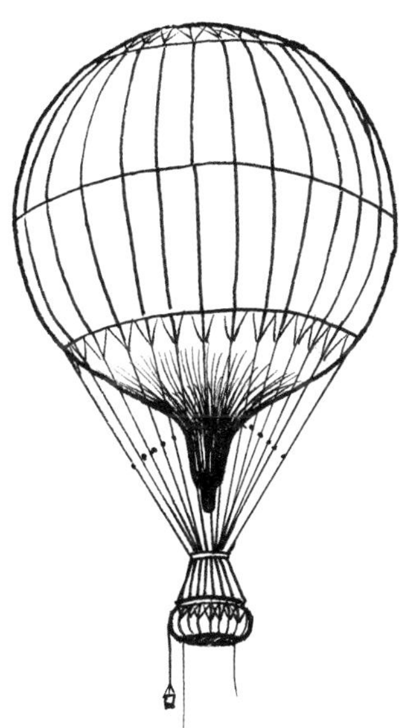

... physikalische Phänomene, wissenschaftliche Gesellschaften und Auszeichnungen ...

EPILOG

1829
bzzz.
bzzz.
bzzz.
bzzz.
bzzz.
Unbekannt
Ja? Humboldt?
Guten Tag, Herr Baron. Ich freue mich Ihnen mitteilen zu dürfen, dass Ihre Expedition nach Russland bewilligt wurde. Zar Nikolaus wünscht eine ausführliche Erkundung des Urals mit Inspektion des dortigen Bergbaus und weitere geologische Untersuchungen.
Sie starten am 15. April in Jekaterinburg. Von dort geht es über Sankt Petersburg nach Moskau, Nischni Nowgorod, Kasan bis zum Kaspischen Meer.
Ihr Antrag zur Einreise nach Tibet wird soeben geprüft. Vorerst wünschen wir Ihnen jedoch alles Gute und viel Erfolg für die Reise!

Philadelphia
Washington
Mexiko
Cartagena
Caracas
Lima
Callao

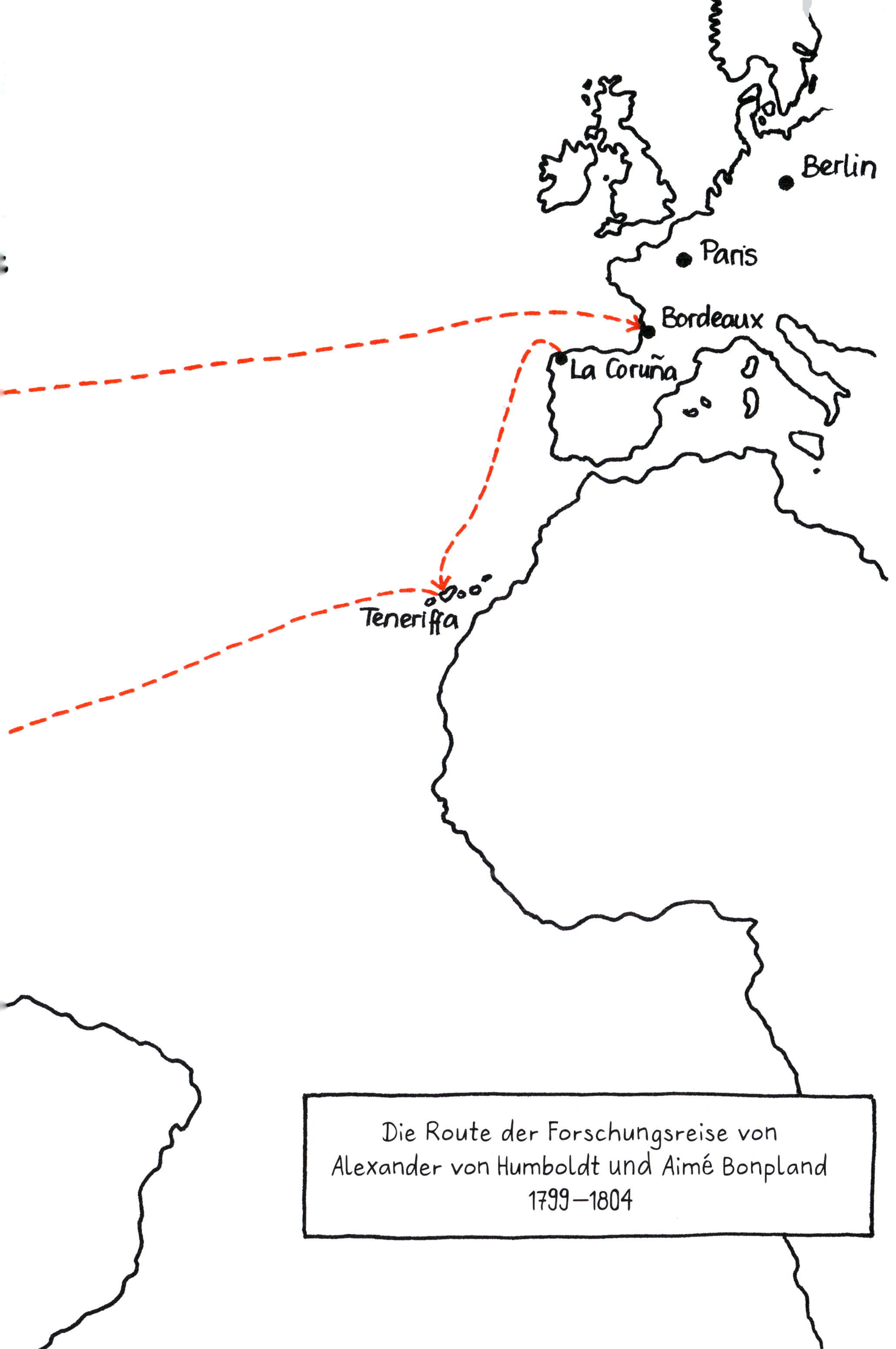
Berlin
Paris
Bordeaux
La Coruña
Teneriffa
Die Route der Forschungsreise von
Alexander von Humboldt und Aimé Bonpland
1799–1804

Bettina Schary, geboren 1989 in Nürnberg, studierte Germanistik, Theater- und Medienwissenschaften sowie Medienmanagement in Erlangen und Hamburg. Für ihr Comic-Debüt kündigte sie ihren Marketingjob. Aktuell lebt und arbeitet sie als Kommunikationsexpertin in Berlin. Das Zeichnen ist nun fester Bestandteil in ihrem (Berufs-)Leben. Bettina fertigt am liebsten Zeichnungen von Hand mit diversen traditionellen Medien an (darunter Blei- und Buntstift, Tusche, Copic Marker und Aquarellfarbe), die sie dann digital bearbeitet. Ihre Leidenschaften sind Wandern, Feminismus und das Spiel mit der Sprache. Ihr Lieblingswort lautet »Waldeinsamkeit«.

Deutsche Originalausgabe

Ein Unternehmen der Média-Participations

Projektleitung: Hans Peter Buohler, Knesebeck Verlag
Umschlaggestaltung: Fabian Arnet, Knesebeck Verlag
Lektorat, Layout und Satz: Christine Schnappinger,
VerlagsService Dietmar Schmitz GmbH, Heimstetten
Bildbearbeitung und Separationen: Reproline mediateam, Unterföhring
Herstellung: Arnold & Domnick, Leipzig
Druck: PNB Print Ltd.
Printed in Latvia

ISBN 978-3-95728-667-3

www.knesebeck-verlag.de